Alas

MONTAÑA ENCANTADA

Silvia Dubovoy

Ilustrado por David Méndez

Alas

EVEREST

A mis nietos Isaac, Jonathan, Eithan, Edy, Alexandra,
Daniel, Arturo y Álex, con quienes miro y remiro
la vida desde los ojos de la infancia.

Doy las gracias a Paco Pacheco, entrañable amigo,
que me ha enseñado el arte de pulir palabras, de impregnar
emociones en papel y de compartir mundos extraordinarios
a través de las letras.

A Pedro Moreno, por el tiempo disfrutado y compartido
entre orejas, picos, patas, ojos, dientes y alas...
Gracias por tu generosidad y tus conocimientos.

¿QUIÉN PUEDO SER:
SI VUELO Y ZUMBO,
Y DE LA FLOR
LIBO LA MIEL?

ABEJA

VIVE, COMO LOS HOMBRES, EN SOCIEDAD. CADA UNA CONTRIBUYE CON SU TRABAJO.

EN SUS VIAJES TRANSPORTA EL POLEN DE FLOR EN FLOR, HACIENDO ASÍ POSIBLE QUE ÉSTAS SE TRANSFORMEN EN FRUTO.

CON EL NÉCTAR Y EL POLEN QUE RECOGE ELABORA LA MIEL Y LAS CELDILLAS DEL PANAL.

A LAS TRABAJADORAS SE LES LLAMA OBRERAS Y COMPARTEN LA COLMENA CON LOS ZÁNGANOS Y LA REINA.

EL ÚNICO TRABAJO DE LA REINA ES PONER DE 2.000 A 3.000 HUEVOS DIARIOS.

VIVO EN LAS ALTURAS
Y AHÍ TENGO MI NIDAL;
SOY LA REINA DE LOS AIRES
POR MI FORMA DE VOLAR.

ÁGUILA

QUIÉN SABE SI ES POR FUERTE, POR GRANDE O PORQUE VUELA TAN ALTO Y RÁPIDO, PERO LE DICEN "LA REINA DE LOS AIRES".

SUS ENORMES ALAS LE PERMITEN PLANEAR O BAJAR EN PICADO A GRAN VELOCIDAD.

CAPTURA SU ALIMENTO CON LAS DOS FUERTES GARRAS DE SUS PATAS; SU PICO, EN FORMA DE GARFIO, LO USA PARA DESGARRAR LA CARNE.

CONSTRUYE SU NIDO SOBRE LAS ROCAS DE LAS ALTAS MONTAÑAS. DESDE ALLÍ, CON SU EXCELENTE VISTA, CONTEMPLA TODO SU REINO.

ES MUY BUENA MAMÁ. CUIDA DE SUS HIJITOS, A QUIENES LES ENSEÑA A VOLAR A LOS DOS MESES DE NACIDOS.

ABRE SU PARACAÍDAS, Y A VOLAR...
PLANEA ENTRE LOS ÁRBOLES SIN CHOCAR
ES MUY DIFÍCIL DE ATRAPAR.

ARDILLA VOLADORA

VIVE EN LA COPA DE LOS ÁRBOLES. COME SEMILLAS.

PARA IR DE UN ÁRBOL A OTRO, ABRE MANOS Y PATAS Y FORMA UN PARACAÍDAS DE PELLEJO.

PARA NO CHOCAR USA SU COLA COMO TIMÓN.

SÓLO PUEDE VOLAR HACIA ABAJO.

PARA VOLVER A PLANEAR HA DE TREPAR DE NUEVO HASTA LA CIMA DE LOS ÁRBOLES.

ESCAPA RÁPIDAMENTE DE SUS ENEMIGOS SALTANDO Y ABRIENDO SUS ALAS.

LENTO VUELA Y ALTO VIVE,

PATAS LARGAS, LARGO PICO;

COMO TINA HACE SU NIDO.

CIGÜEÑA

MUEVE SUS ENORMES ALAS MUY DESPACIO, PARA VOLAR LENTAMENTE, QUE ES COMO LE GUSTA VIAJAR.

PUEDE DESPEGAR Y ATERRIZAR CON MUCHA SUAVIDAD.

ES EXCELENTE ARQUITECTO. CONSTRUYE SU NIDO DE RAMAS Y VARAS Y CON UNA ALFOMBRA DE PLUMAS. LO HACE GIGANTESCO, PARA QUE PUEDAN CABER DENTRO MAMÁ Y PAPÁ, CON SUS ALAS EXTENDIDAS. EL NIDO LE DURA HASTA VEINTE AÑOS, REGRESANDO AÑO TRAS AÑO AL MISMO HOGAR.

SOBRE TIERRA Y MAR
ME GUSTA PLANEAR;
CUANDO EL AIRE SE ILUMINA,
VOLANDO VOY A PESCAR.

GAVIOTA

PARECE UNA BELLA COMETA. Y CUANDO SE POSA EN LA PLAYA, CAMINA MUY, MUY DEPRISA.

ES MEJOR QUE LA MIRES DE LEJOS... ¡DICEN QUE TIENE MUY MAL CARÁCTER!

SI VAS A LA COSTA Y MIRAS AL CIELO, VERÁS A ESTA AVE DE LARGAS Y PUNTIAGUDAS ALAS; VUELA Y PLANEA COMO SI EL VIENTO SE LA LLEVARA.

CUANDO SE DEJA CAER AL MAR, FLOTA. SUS PLUMAS SON IMPERMEABLES.

A MI CASA DIGO ADIÓS
DESDE EL CIELO;
VOY EN BUSCA DE CALOR
Y CUANDO HAY CALOR, REGRESO.

GOLONDRINA

¿HAS VISTO CÓMO REVOLOTEA EN EL CIELO? PARECE QUE JUGARA, PERO EN REALIDAD CAZA INSECTOS PARA COMER.

CON SU SALIVA MEZCLA BARRO, PAJA Y PLUMAS PARA CONSTRUIR SU NIDO Y ÉSTE ESTÁ TAN BIEN HECHO QUE DURA AÑOS.

LO CONSTRUYE SOBRE LOS MUROS, CERCA DE LOS TECHOS. ES REDONDO Y TIENE UN ORIFICIO QUE LE SIRVE DE ENTRADA Y DE SALIDA. ESTE AGUJERO TIENE EL TAMAÑO EXACTO DE SU CUERPO.

AMA EL SOL Y LOS DÍAS CÁLIDOS Y SE MARCHA EN EL INVIERNO, PERO, POR MUY LEJOS QUE VIAJE, REGRESARÁ SIEMPRE A SU NIDO.

NO VIVE EN EL CERRO DE LA GUACA
Y SÍ EN LA SELVA MAYA;
CUANDO EXTIENDA SUS ALAS
NO PODRÁS IGNORAR
DE QUIÉN SE TRATA.

GUACAMAYA

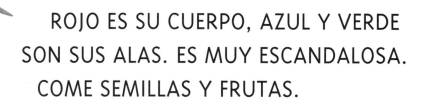

ROJO ES SU CUERPO, AZUL Y VERDE SON SUS ALAS. ES MUY ESCANDALOSA. COME SEMILLAS Y FRUTAS.

UNA VEZ AL AÑO VUELA EN BUSCA DE LODO SECO; ÉSTE LE PROPORCIONA LOS MINERALES QUE NO ENCUENTRA EN LAS SEMILLAS Y EN LAS FRUTAS.

SI NO SE NUTRIERA DE ESTOS MINERALES, PERDERÍA EL COLOR Y EL BRILLO DE SUS PLUMAS Y NADIE LA QUERRÍA NI ENCONTRARÍA PAREJA.

EL LODO TAMBIÉN LE SIRVE PARA NO QUEDARSE RONCA, PUES A LA QUE NO GRAZNA BIEN LA CALLAN A PICOTAZOS.

LOS MACHOS EXTIENDEN SUS ALAS PARA QUE LAS HEMBRAS SE ENAMOREN DE ELLOS.

ANTEAYER HUEVECITO,
AYER CAPULLITO;
MAÑANA VOLARÁ
COMO UN PAÑUELITO.

MARIPOSA MONARCA

SUS ANTENAS LE SIRVEN PARA SENTIR EL VIENTO Y LA TEMPERATURA.

SÓLO BEBE NÉCTARES, ROCÍO, JUGOS Y SAVIA, PUES NO TIENE MANDÍBULAS Y NO PUEDE MASTICAR ALIMENTOS.

RECORRE LARGAS DISTANCIAS PARA ESCAPAR DEL INVIERNO O DEL FUERTE CALOR, Y PARA BUSCAR SU NUEVO HOGAR.

VUELA HASTA 130 KILÓMETROS DIARIOS. PUEDE REALIZAR ATERRIZAJES RÁPIDOS.

LLEGA AÑO TRAS AÑO DE CANADÁ A LOS BOSQUES DE MÉXICO PARA REPRODUCIRSE Y PARA REFUGIARSE DEL FUERTE INVIERNO; AL LLEGAR LA PRIMAVERA, VUELA DE REGRESO HASTA CANADÁ.

NO SOY NI DIABLO
NI CABALLITO;
SOY UN INSECTO
MUY BONITO.

LIBÉLULA

SE ALIMENTA DE MOSCAS Y MOSQUITOS QUE DEVORA CON SUS DIENTES MIENTRAS VUELA AL ANOCHECER. ES TAN VORAZ QUE PUEDE COMER EL EQUIVALENTE AL PESO DE SU CUERPO ¡SÓLO EN MEDIA HORA!

LE GUSTA VIVIR A ORILLAS DE RÍOS, LAGOS O ESTANQUES.

TIENE ALAS MUY FUERTES QUE NO SE DOBLAN Y LA MANTIENEN EN EQUILIBRIO EN EL AIRE. SI OBSERVAS SUS ALAS VERÁS QUE SON IRIDISCENTES, ESTO QUIERE DECIR QUE REFLEJAN LOS COLORES DEL ARCO IRIS.

PUEDE VOLAR A 80 KILÓMETROS POR HORA. ¡IMAGÍNATE: ES MÁS RÁPIDA QUE LAS LIEBRES, LAS GACELAS Y LOS ZORROS! EXISTE SOBRE LA TIERRA DESDE HACE 300 MILLONES DE AÑOS.

ÍNDICE

ADIVINA QUIÉN ES… **ALAS**

ADIVINA QUIÉN ES… **CAPARAZONES**

ADIVINA QUIÉN ES… **COLAS**

ADIVINA QUIÉN ES… **CUERNOS**

ADIVINA QUIÉN ES… **DIENTES**

ADIVINA QUIÉN ES… **OJOS**

ADIVINA QUIÉN ES… **OREJAS**

ADIVINA QUIÉN ES… **PATAS**

ADIVINA QUIÉN ES… **PICOS**

ADIVINA QUIÉN ES… **PIELES**

Dirección editorial: Raquel López Varela
Coordinación editorial: Ana María García Alonso
Maquetación: Cristina A. Rejas Manzanera
Diseño de cubierta: Jesús Cruz

TERCERA EDICIÓN

© del texto, SIlvia Dubovoy
© de las ilustraciones, David Méndez
© EDITORIAL EVEREST, S. A.
Carretera León-La Coruña, km 5 - LEÓN
ISBN: 84-241-8086-0
Depósito legal: LE. 1454-2005
Printed in Spain - Impreso en España
EDITORIAL EVERGRÁFICAS, S. L.
Carretera León-La Coruña, km 5
LEÓN (España)
Atención al cliente: 902 123 400
www.everest.es